EHS EDIÇÕES

Eriberto Henrique

Edição: Eriberto Henrique
Organização: Eriberto Henrique
Revisão: Eriberto Henrique
Capa: Eriberto Henrique
Diagramação: Eriberto Henrique

Título: Folhas Caídas & Outros Poemas
Autor: Eriberto Henrique
Copyright © EHS EDIÇÕES, Jaboatão dos Guararapes-PE. 2020.

Folhas Caídas

&

Outros Poemas

1ª Edição 2020

Eriberto Henrique

Foi brincando no quintal
Que descobri,
O quanto a vida é mais bela,
Com o toque da poesia.

Eriberto Henrique

Decido essa obra
A minha amada mãe,
Rute Henrique da Silva.

UMA VEZ SÓ

Uma vez só quero desafiar o destino,
E acordar sorrindo
Dançando entre as estrelas.

Uma vez só quero ser feliz,
E contradizer as dores.

Uma vez só quero ser eu!
Poeta e nada,
Sobre a terra chata.

Uma vez só quero ser,
O que não sou e talvez seja.
E despertar para a vida
Sobre a força da razão.

OLHOS DE FOGO

Estou livre de qualquer coisa absurda!
Vejo do outro lado da rua, coisas absurdas,
Estou livre delas!
Analiso detalhadamente tudo aquilo que consigo ver,
Observo cada ação e reação paralela,
Diante dos meus olhos.
O subúrbio não é mais o mesmo!
As luzes do túnel apagaram-se;
Agora dançamos na escuridão.

Atravesso a rua como uma marionete,
Manipulado por um deus mitológico,
Que com olhos de fogo solta um sorriso sagas.
Não era deus!
Era o famoso Eros,
Um infame e dissimulado,
Que brinca com o amor nos corações humanos.
Livro-me de todas as cordas de aço.

Sigo caminhado sem pensar,
Olho para todos os lados e me sinto livre.
Fecho os olhos e também me sinto livre!
Mas nada disso me dá prazer,
A não ser as estrelas e a lua!
Mas hoje a noite não tem luar,
E as estrelas não querem brilhar para mim.

TELA

Todos estão sorrindo!
Sentindo sensações estupendas,
Que não posso sentir;
Não sei por que não posso sentir!
Todos estão sorrindo!
E meu silêncio me condena;
Condena-me a repressão, criada pela alma.

Lá fora faz um tempo confortável,
Os automóveis decoram o cenário,
E eu me vejo em um grande filme de comédia,
Atuando como um canastrão.
Jogam-me como um cão no lixo,
Deixam-me sozinho na calçada
E chutam-me quando estão embriagados.

CORAÇÃO SELVAGEM

Explode em mim coração selvagem,
Que vive uivando ao brilho da lua!
Cavernas escuras
São os refúgios sombrios,
De ciganos perdidos na noite macabra!

Estrelas escassas se movem no céu,
Luzes cintilantes atormentam a visão!
Sombras aparecem na terra sagrada
E levam a esperança dos poetas imortais.

Escritos profanos são jogados no abismo da noite,
O fogo se apaga
E a esperança é perdida.

JOGO DE CARTAS

Acordamos em um mundo
Que não é o nosso.
Andamos descalços pela terra seca,
E quando pisamos na lama sentimos prazer.

Nossas faces enrugadas
Tomam formas no silêncio;
Não somos mais os mesmos,
Perdemos nossas almas,
Em um jogo de cartas!

O mundo em que vivemos
Agora é uma imagem,
Guardada em um museu,
Perdido no tempo!

FOLHAS CAÍDAS

Nessa tarde o silêncio me faz refletir!
Meu coração é mesmo um comboio de rodas
Que gira a entreter a razão.
Sinto uma calma plenamente simples,
E contento-me com tal sensação!
Como semente em terra que precisa de água para
crescer,
Preciso de tais sensações para caminhar.

Hoje descarto a ambição como se descarta um coringa,
Em um jogo de cartas.
Hoje quero olhar-me no espelho e ter a mesma
sensação;
Não quero comprar dívidas com a alma,
Para depois vê-la ao relento;
Hoje quero apenas contentar-me com a força do acaso,
E degustar as pequenas conquistas.

As folhas caídas ao chão parecem escutar-me;
A brisa da primavera as leva em destino contrário,
E todas vão embora sem destino, sem se despedir;
Mas antes de irem por completo,
Olham-me na alma e se veem refletidas nos meus olhos.
Sorrio como um bobo em dia de festa,
Sem ter um porque, apenas sorrio.

Fico com o corpo molemente sentado,
Cogitando metáforas sem nexo,
Por um instante paro,
E não penso em nada,
E no que vou fazer que ainda não sei o que é.

A chuva cai tão sublime lá fora,
E eu em meu quarto deitado sobre a cama, girei de um
lado para o outro,
Levantei-me e fui pegar um livro para ler;
Todos os livros sobre a mesa foram lidos,
Todas aquelas páginas já foram passadas.

Vou para fora ver a chuva cair,
Mas o sol já está reinando no seu trono azulado;
Sento-me em uma cadeira,
Fico olhando as nuvens e suas diferentes formas;
Vejo pardais tão dissimulados a voar no céu,
Suas asas tão belas batem como melodia, uma sinfonia
tão bela e celestial,
Que apazigua o coração e fortalece a alma.

Volta a cair uma chuva fininha e belicosa!
Começa uma batalha celestial entre a chuva e o sol.
Forma-se um dia branco contemplado pelos deuses!
Deuses que assistem de camarote o show da natureza.

Levanto-me e volto ao quarto,
Deito-me na cama e sem querer adormeço,
Sonho um sonho estranho, cheio de imagens tortas
Que ninguém consegue explicar.

COISAS ARTIFICIAIS

Há dor nas mãos,
Há uma intuição escassa escondida no canto do mundo,
Há outra coisa que não sei dizer!
Todas as coisas camufladas em minha volta,
Até o meu pensamento se esconde.
Tenho medo de coisas que estão acontecendo,
Esse medo não é comum aos outros medos.

Há um frio que apavora o sistema,
Há uma sensação qualquer que parece importante;
Sei que em qualquer lugar do mundo,
Uma estrela brilha para mim!
Sei que essa estrela tem tanto sentido quanto eu,
Que nem sei se tenho sentido.
Vejo minhas ideias ao relento,
Meus projetos jogados na lama,
Caio sentado na rua das ilusões,
E não consigo levantar,
Não tenho forças,
A única que tinha usei para uma coisa qualquer.

Um pássaro grande vem e me leva em suas garras,
Sou jogado em um ninho de galhos secos
Como comida para filhotes;
Sem forças escuto minha alma gritar,
E repentinamente acordo no sofá da sala.

Era tudo um sonho,
Um sonho não muito diferente de minha realidade,
Que parece ser mais abstrata que meus pesadelos
tortos.

Levanto-me!
E como uma carcaça que anda
Vou ao quintal,
Ver as estrelas tão significantes quanto eu,
Que nem seu quem sou!

SEGREDO DO SOL

Nasce agora sol da razão!
E ilumina meu coração vadio,
Que vive nas sombras da escuridão,
Admirando as estrelas que brilham no cio.

Vem e tira toda a tristeza,
Que mora em meu peito que vive chorando;
Vem e me ensina toda a nobreza,
De uma estrela que vive sempre brilhando.

Beija-me nos lábios tão bela aurora,
E dance comigo uma valsa senhora,
Que os passarinhos agora estão a cantar.

Venha comigo não tenha medo,
Que no fim da valsa te conto um segredo,
Que o sol me contou à beira do mar.

LEMBRANÇAS DE OUTRORA

Minha amada amante
Há dias partiu!
Sem se despedir
Apenas sumiu,
Como uma miragem no deserto.

Deixou comigo as lembranças de outrora,
Dos nossos beijos ao brilho da lua;
Sinto saudade da boca tua,
Do teu sorriso, menina senhora.

Pergunto agora onde você está?
Além de aqui no meu coração,
Que expressa palavras cheias de paixão,
Escritas em uma noite que não tem luar.

TRAÇO

Traço detalhadamente meu pensamento!
Nos últimos dias tenho pensado insanamente,
E me sentido um insano!
Nesse momento, passo cinco minutos pensando no que
escrever,
Então escrevo isso,
Que não é nada,
Mas é bem melhor do que eu!

Tenho me sentido só, como um mendigo ao relendo,
Tenho contemplado a lua por não ter o que fazer,
Também tenho admirado as flores que parecem mais
belas;
E tenho me visto olhando às estrelas como uma sombra
noturna.
Choveu por toda a manhã
E o frio apaziguou a essência;
Agora traço aqui sentado novas ideias,
Novos planos para um futuro que desconheço.

DEFINIÇÃO

Já me defini como uma sombra que vaga nas poesias!
Já me defini como uma flor que more a beira do riacho
ingrato!
Não sei o que sou e mesmo assim me defino!
Faço isso por idiota que sou,
Faço isso por ser ridículo!
Torno-me cada vez mais ridículo a cada dia que
sobrevivo.

Escrevo algumas ideias que tenho em mente,
E por isso acho que sou poeta!
Eu me acho poeta,
Mas sei que não sou poeta!
Escrevo como um poeta,
Falo como um poeta,
Penso como um poeta,
Mas me falta ser poeta.

PASSAGENS DAS HORAS

Estou calado feito uma imagem
Na passagem das horas!
É! Como uma imagem na passagem das horas!
Uma imagem!
É apenas isso que sou,
Uma imagem,
Na passagem das horas.

Encosto minha cabeça sobre o sofá e fico de frente ao
relógio,
Observando seu ponteiro caminhar lentamente;
Analiso cada segundo
E entendo que minha vida é cada segundo que passa;
E às vezes eu tiro proveito desses segundos
Fazendo minhas tolices.

O que estou fazendo aqui?
Lá fora tudo é tão natural
E eu aqui parado.
Parado como uma imagem!
Como uma imagem na passagem das horas!...

ULTIMAS PALAVRAS

Ponho-me a escrever
Como se fosse as últimas palavras a serem escritas,
E talvez sejam!
Agente nunca sabe qual vai ser o último momento
De nossas vidas.

SONHOS COLORIDOS

Vi um moleque na rua,
Fiquei com pena do coitado,
Aparentava estar com fome
Com o seu calção rasgado.

Olhava-me com ternura
E com toda inocência.
Uma pobre criatura,
Sobre a sua existência.

Naquele moleque me vi criança,
Vi meus sonhos coloridos,
Quando sonhava com a esperança,
Dos meus contos preferidos.

NUVENS

O dia foi como uma nuvem e suas transformações,
A cada intervalo de tempo
Uma nova imagem formulava-se no ar;
Caí e rastejei,
Pensei estar sonhando um triste pesadelo.
Não era pesadelo!
Era a minha realidade,
Aquela que me ponho a escrever todos os dias.

HÉLIOS

O sol raiou e ainda não vi,
As janelas e portas estão fechadas,
Por isso o sol raiou e ainda não vi.
Depois abrirei as portas e janelas,
Agora me falta fazer a barba e pentear os cabelos;
Mas ainda não quero fazer a barba e pentear os cabelos!
Agora não!
Talvez depois eu faça a barba e penteei os cabelos,
Mas agora não!
Agora ficarei barbudo e despenteado!
Deito novamente na cama,
Sem abrir as portas e as janelas,
Sem fazer a barba e pentear os cabelos,
E sem ver os raios do sol!
Por que não fiz todas essas coisas?
Por que não quero ou por que não tive coragem de fazê-
las?

Às vezes não tenho coragem de encarar o mundo!
Às vezes não tenho coragem de ser eu mesmo!
Como agora que o sol raiou e ainda não vi.
Ontem pensei no agora!
Agora pensei no ontem!
Pobre besteira chamada passado e presente,
Nem o futuro se importa com essas coisas.

AMOR DE POETA

Tortura-me se quiseres,
Beija-me se puderes,
Olhai-me no fundo da alma
E me ama!
Ama...
Deus diga que me ame!
Se ela não souber
A ensine a amar.
Diga a esta poesia que me ame meu Deus,
Pois eu amo!

Amo com todo meu amor de poeta,
Amo com todas as palavras,
Todos os sentimentos e sensações.
Amor platônico que seja, mas é amor!
Amor espiritualmente,
Amor poeticamente,
Amor como poeta,
O meu amor de poeta!

LUZ DO MEU CAMINHO

Tu és o sol na minha janela,
Em uma aurora que não quer cessar.
Tu és a deusa pintada na tela,
Que o artista expressou como um sonhar.

Como refúgio escasso de um poeta sombrio,
Levaste-me nos braços como cigana de rua.
Apaziguasses minha alma que dormia no frio,
Iluminaste minha noite como se fosse a lua!

Com teu olhar de carinho,
Mostraste-me um caminho,
Sem sombras e escuridão.

Entendeste-me como ninguém,
Por um instante fui alguém,
Não poeta sem razão.

VI

Eu sou um poeta morto!
Perdido na escuridão;
Que vai enlouquecendo pouco a pouco,
Rastejando sobre a ilusão.

Vivo cansado sempre ao relento,
Em meu quarto com os meus poemas;
Escrevo versos cheios de tormentos,
E faço prosa dos meus dilemas.

Sou solitário de corpo e alma!
Compreendo minha calma,
Escarnecida nos meus versos!

Ando em um mundo diferente,
Com passos descontentes
Em pesadelos perversos.

GRANDES PÁSSAROS VERMELHOS

Grandes pássaros vermelhos
Voam sobre nossas cabeças!
Nossos olhos cansados
Fecham-se
Sobre o fogo do céu;
É chegada à hora de distorcer o mundo,
De caminharmos descalços
Sobre a lama
E amar o ridículo
Das pequenas coisas.

ABISMO

Eu caminho
Sobre o meu medo,
E sinto a dor dos espinhos que entram em minha pele.

Olho em minha volta
E só vejo um abismo,
Chamado noite!
Um vaga-lume que voa no alto,
Tenta se comunicar comigo!
Deito no chão,
Coberto pelo sereno
Adormeço chorando
Morrendo de frio.

ESTRELA CADENTE

Oi menina morena
Escrevo-te este poema;
Que não é um dos meus melhores,
Mas é feito com coração.
Não tem palavras bonitas,
Nem tão pouco românticas,
Apenas palavras singelas,
Com um pouco de inspiração.

Posso dizer que és linda,
Mas isso tuja sabes.
Posso dizer que és mágica,
Mas isso não é novidade.
Então eu não digo nada,
O mundo já diz por mim
As palavras que eu queria.
Apenas leia esse poema,
Que escrevi olhando para o céu,
Diante de uma lua de mel,
Quando uma estrela caía!

Eriberto Henrique

PERFUME DE JASMIM

Oh! Chuva suave,
Minha grande amiga!
Tuas lembranças são belas,
Mas não são boas para mim.
Lembranças que nunca morrem!
Aquele inocente sorriso,
Aquele olhar irreverente,
O perfume de jasmim.

Lembrei-me de uma donzela,
Das cartas que lhe escrevi,
Das noites que não dormi,
Pensando no teu sorriso.
Hoje deve estar casada,
Feliz e apaixonada,
Já não deve nem lembrar
Do meu amor escarnecido.
Também lembrei de minha infância,
Feliz, porém, sofrida!
De um moleque suburbano, hoje um poeta
pernambucano
Que sempre segue cantando

MEU AMIGO BEIJA FLOR

Meu amigo beija flor,
Se um dia a encontrar,
Diga que sinto saudade,
E que a amo também.
Diga que ela é a mais bela,
E que o poeta apaixonado,
Só queria o seu bem.

Meu amigo beija flor,
Enxuga as lágrimas dela,
E diga a ela
Que seja muito feliz!
Que viva sempre sorrindo,
Que não chore minha morte,
Que minha maior sorte,
Foi o amor que vivi.

QUEM INVENTOU O AMOR?

Isto que sinto será amor?
Não sei!
Esta dor que me consome
De onde vem?
O jardim de minha vida está a ressecar!
As folhas a cair
E as flores a murchar,
Desfalecem sem sentido.
Há uma chama em meu peito
Que me tortura meu Deus!
Quem inventou o amor?
Com certeza não foi eu!
Estou caído ao chão,
Sem forças para levantar;
Eu não sei o que é amor,
Mas sofro por amar.
Eu amo quem não me ama,
Por isso sofro a penar.
Quem inventou o amor,
Diga-me como não amar.

CARTA DE AMOR

Querida menina!
Espero que estejas lendo,
O que estava escrevendo
Para você.
Faz tempo que não te vejo,
Todas as noites eu desejo,
Novamente te ver.

As canções que escuto,
Trazem-me lembranças suas;
Dos nossos beijos diante da lua
E dos carinhos teus.
Espero que um dia volte,
Volte se quiser,
E seja sempre a mulher,
Dona do meu amor.

PRANTOS

Todas as noites eu choro!
Sem saber por que eu choro,
Eu choro!
Todas as noites eu sofro!
Caiu em prantos e durmo,
Mas antes disso sofro.
O meu quarto é silencioso!
Minha alma há dias não fala
E meu coração está em coma,
Já não sei mais como vivo.

SEM LIMITES PARA SONHAR

As noites quando olho para o céu,
Sinto vontade de ver novos mundos,
De viajar por esses mundos,
Nesse universo imenso.
Imagino-me a brincar nas estrelas,
Mas só de longe posso vê-las.
E com meus olhos de criança
Pareço tocá-las com as pontas dos dedos,
Abrindo os braços ao sabor das emoções,
Sem limites para sonhar.

CAIXA POSTAL

Queria novamente te ver,
Olhar-te nos olhos
E sentir aquele encanto.
Queria te ouvir dizer,
Dizer que ainda me ama,
Para acender nossa chama
E me tirar desse pranto.

Se algum dia chegares a ler estes versos,
Lembras do meu amor,
Que você desprezou,
 Deixando-me a solidão.
Saibas que por ti chorei,
Lágrimas verdadeiras derramei,
Recobertas de paixão!

MINHA COMPANHEIRA É A SOLIDÃO

Fantasias e imagens passam em meus olhos vagos,
Sinto-me tão só e há tempos não vejo ninguém;
Dizem que a solidão me faz bem,
Se é verdade não sei!
Sou o tipo de pessoa que nunca sabe de nada realmente!
Trago em meu corpo cicatrizes profundas,
E em meu peito ferido que teima em sangrar.

Levo lembranças mágicas tiradas da mente,
Em uma mochila velha que tenho desde jovem.
Sempre fui só,
Mas aprendi a lidar com a solidão,
Agora a tenho em minhas mãos,
Como minha companheira!

VII

Lembras que tua mão pusera,
No rascunho de um livro que levava comigo,
Onde estava escrito meu sonho de quimera,
Existentes nos mares vagando perdidos.

Naquela cidade de singela população,
Encontrei teus olhos perdidos na rua,
Foi como o sol encontrado a lua,
Em um eclipse do coração.

Ainda lembro-me de você,
Tentei aniquilar, mas pude esquecer,
O brilho dessa chama!

Faz tempo, mas não deixei de te amar!
E se novamente eu te encontrar,
O meu peito vai dizer que ainda te ama.

ROSAS E ESPINHOS

Saiba que nunca me esqueço de alguém,
Que foi embora, mas deixou um, porém,
De uma frase com interrogação!
Saiba que minha maior ambição, é de um dia me tornar
poeta,
Mas minha vida não estará completa,
Se não deres minha abolição.
Eu sou escravo do teu amor!
Rastejando sobre a dor,
Do meu triste caminho.
Em minhas noites atormentadas,
Tenho minhas mãos acorrentadas,
Sobre rosas e espinhos.

O CONTRATO

Tenho uma proposta a te fazer,
É melhor você escutar,
Para depois você dizer
Se podes aceitar.

Não é nada tão importante,
É besteira sentimental!
Para mim fundamental,
Para você irrelevante!

Sei que você acha isso chato,
Mas aqui está o contrato,
O contrato do meu amor!

Leia sem demora,
Ou guarde para outra hora,
Mas não me deixe, por favor!

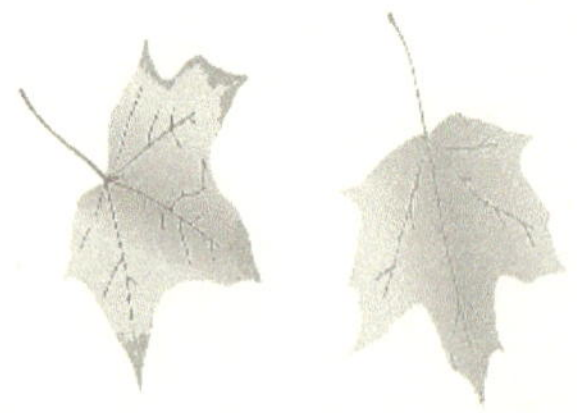

IX

Estrelas me iluminem,
Não me deixem tão só.
Nessa noite tão sublime,
De mim mesmo sinto dó.

Tenho pena de mim,
Mas nada posso fazer;
Sempre serei assim,
Assim sempre ei de ser.

Sobrevivendo nas raízes,
Encarando as cicatrizes,
De minha pele saturada.

Plantando e colhendo,
Vivendo e aprendendo,
Com minhas mãos calejadas.

COSMOS

Uma donzela de sorriso belo,
Um dia me escutou falar;
Falei dos meus sonhos tolos,
Até os perdidos no mar.

Ela tinha uma simplicidade
Como todos daquele lugar!
Tinha nos olhos um verdadeiro cosmo,
Com um brilho que não pensava encontrar.

Deixou comigo, nobres lembranças,
Daquela cidade onde fui me encontrar.
E por isso escrevo esse poema,
Narrando momentos que tive por lá.

SOBREVIVENDO NAS RAÍZES

Estou cansado de dizer,
Estou cansado de falar.
Tenho muito a aprender
E também a ensinar.

Sobrevivendo nas raízes,
Com coragem e humildade,
Buscando a verdade,
Pelas ruas da cidade.

Quero acordar ao relento,
Abraçado com a emoção!
Caminhando contra ao vento,
Em plena chuva de verão.

Quero me perder,
Quero me encontrar.
Acordar devagarzinho,
Abrir os olhos e bocejar.

Seguindo sempre em frente,
Caindo para levantar!
Com uma força diferente,
Que não posso desvendar.

Eriberto Henrique

IMORTAL

A folha caiu lá fora!
Ainda tenho na memória,
Todos os segredos
Do meu mundo de cristal.
Uma criança carente,
Tantas vezes descrente,
Que tinha medo de gente
E desse mundo animal.

Cresceu amargurada,
Com a alma saturada;
Sonhando lentamente,
Sem querer acordar.
Enxugando o sangue dos olhos,
Sem medo partiu,
Deu adeus e sumiu,
Para poder eternizar!

DESCULPAS

Tantos dias já se passaram,
Desde a última vez que falei com você!
Já não me faço confidências,
Nem escuto minha voz.
Os dias se passaram como portas abertas,
E eu, o meu melhor amigo,
Agora me vejo como um estranho,
Se antes não sabia quem era,
Agora muito menos.
Não tenho mais ideias felizes!
E me contento com frases de mesquinharia.

Tenho me tornado cada vez mais reles,
Diante de minha submissão!
Uma ironia amarga que é engolida a seco,
Desce pela a garganta abaixo,
Ou é tragada como ópio.
Quais seriam as horas?
Não tenho relógio!
Sei que já é tarde, pois as estrelas me disseram.

A noite é calma e me traz lembranças,
Lembranças que descarto
Como um rei de ouro num jogo de copas.
No céu brilha uma estrela perecida comigo,
Sozinha e solitária em um universo imenso!
Do meu lado direito está o silêncio,
O mais nobre dos conselheiros que um homem pode ter!

Eriberto Henrique

Do meu lado esquerdo minha sombra,
A maior das companheiras de um poeta!
Do que mais preciso agora meu Deus?
Uma nova estrela cai do céu
E eu não fiz pedido algum!
Antes reclamava da vida,
Agora reclamo de mim!
Eu aprendi com a vida,
E me acho escritor,
Mas tendo a escrever errado!

Mestre Pessoa, apenas escute!
Perdoe seu discípulo por não ter ousado
Ser grandioso como ti ao menos um terço,
Pois minha pobre sagacidade e minha coragem precoce,
Levaram-me para caminhos cruzados,
Onde não sei andar!
Meus olhos estão vermelhos
E minha vista parece cansada;
Ao meu lado vi o nada
E me senti tão inútil quanto ele.

VIAJEM

Acordo disposto a recuperar o que perdi,
Mas nem tudo que perdi
Pode ser recuperado!
Anseio coisas que não sei dizer,
Eu fujo para os pensamentos e lá sou torturado
Pela mente complexa.

Jogo-me no chão frio do meu quarto,
Deito no silêncio da alma sem esboçar reação;
Tenho mil coisas para fazer neste dia, mas até agora
não fiz nada!
Assim fico olhando-me no espelho,
Procurando respostas que jamais terei.

Que linda melodia toca o meu peito,
Ainda existe beleza no meu dia triste!
Busco palavras nas nuvens celestes
E encontro sonetos perdidos no céu.
Caminho no jardim das ilusões com passos
despreocupados,
E vejo lindas criaturas jamais vistas por ninguém.

Nada disso faz sentido!
Nem eu mesmo faço sentido!
Eu tento me encontrar
Onde tenho certeza que não estou,
Não me venham com demagogia barata,
Estou farto de meus titubeios!

CERA QUENTE

Tenho que escrever algumas coisas
Antes que acabe a vela!
Não sei o que escrever
E a vela está por terminar.
Tenho uma briga psicológica comigo mesmo,
Mas um titubeio de reflexões sem nexo!
Ligaram a rádio e a TV ao mesmo tempo!
Na rádio uma música que me dá tédio,
Na TV as fofocas do dia!
Coisas mesquinhas que me tiram do sério!
Não perderei meu tempo com fantasias da mídia,
Pois tenho coisas a escrever
Antes que acabe a vela.

LIBERDADE PARA VOAR

Um passarinho voa no céu,
Voa de mansinho,
Com carinho entre as nuvens,
Come as frutas das árvores e volta a voar.
Ele não mata os seres de sua espécie ou de outra
qualquer
E jamais destrói o nosso planeta,
Apenas voa livre,
Voa livre para bem longe,
Para bem longe do homem!

OLHOS ABERTOS

Existem coisas que nunca entendemos,
Como os espinhos das rosas que são tão belas.
Deixemos de lado essas imagens,
Não somos nós os jurados do mundo,
Por isso devemos encarar ele,
Com meras interrogações,
Apenas interrogações!
As perguntas são mais interessantes que as respostas,
Não precisamos delas para formular nossas
observações,
Apenas sejamos sábios,
Diante de nossa ignorância.

UMA COISA IMPORTANTE

Uma vez me disseram uma coisa importante,
Que não sei dizer por que não quis escutar!
Falaram-me a verdade olhando nos olhos,
Que fechei cegamente sem querer enxergar.

Agora tento lembrar-me do que me disseram,
E por mais que me esforce não consigo lembrar;
Se alguém souber esta coisa importante,
Escrever-me um postal ou venha me falar.

Venha sem demora, pois estou esperando!
Ou me fale na rádio em forma de canção!
Saiba que sou poeta e há tempos eu quero,
Escrever esta coisa que não dei atenção.

FALANDO DE AMOR

Reconheço que ainda penso em você,
Queria novamente te ver,
Mas é melhor na distância ficar;
Pois tenho medo de ter uma recaída
E magoar a antiga ferida,
Do meu pobre coração que vive a sangrar.
Eu te amei menina flor,
Mais bela do meu jardim!
Se algum dia alguém te perguntar,
Se ninguém ousou te amar,
Responda mesmo assim.
Amaram-me vontade,
Com paixão e com coragem,
Mais fui criança para amar também!
Mas agradeço com ternura,
Com carinho e com candura,
O amor desse alguém.

NOVAMENTE COISAS ARTIFICIAIS

Agora!
Sinto-me embriagado de solidão,
As nuvens lá fora impedem o manifesto da lua!
As estrelas escassas se confundem
E o universo fica emudecido.
A minha frente um casebre pequeno
Que parece imenso,
As sombras que o enfeitam encobrem minha alma,
Que já nem lembro quando deixou de brilhar.

Exercito a minha mente com poemas para me distrair,
Esboço um sorriso que logo apago sem esforço;
Admiro as folhas artificiais sobre a mesa!
Admiro minha sombra tão natural quanto eu,
Que sou tão artificial quanto às flores sobre a mesa.

EPITÁFIO DE ERIBERTO HENRIQUE

Este poema deve ser gravado em minha sepultura.

Gozei por ventura meus tristes e felizes momentos,
E agora vou para um universo que desconheço!
Creio que cumpri minha missão nos versos que deixei,
Como este que deixo cravado em minha laje!
Sei que não fui o mais nobre dos homens
E peço perdão a Deus pelas vezes que fracassei.

Peço que lembrem-se de mim apenas como um poeta,
Que foi valente no amor
E procurou a si nos olhos daqueles que conheceu!...

OLHA-ME

Lutei contra a loucura,
Com toda a bravura,
Lutei!
Lutei até demais.
Porém de uma semente,
Que surgiu tão simplesmente,
Brotou o amor e nada mais.

Olha que o mundo não é meu,
Olha que o mundo não é teu,
Olha que o mundo não é de ninguém!
Desde o dia em que ti vi
Por você enlouqueci,
Meu amor foi muito mais além.
Quero encontrar você
E te dar muito prazer,
Fazer-te muito feliz.
Mostrar-te minha paixão
E cantar uma canção,
Que para você eu escrevi.

XII

A minha enfermidade me leva a loucura,
Expressada nos versos que escrevo agora;
São rimas pobres cheias de candura,
Tiradas dos cantos dessa bela aurora.

Não posso falar nada por não ter o que dizer!
Meus olhos fingem ver beleza além da minha mente.
Quero sentir, o verdadeiro prazer,
Mas o que os olhos não veem, o coração não sente.

A enfermidade me deixa cansado!
Sou largado, apenas largado,
Em um caminho que não sei qual é.

Porém sigo andando,
Mil poemas recitando
E que venha o que vier!...

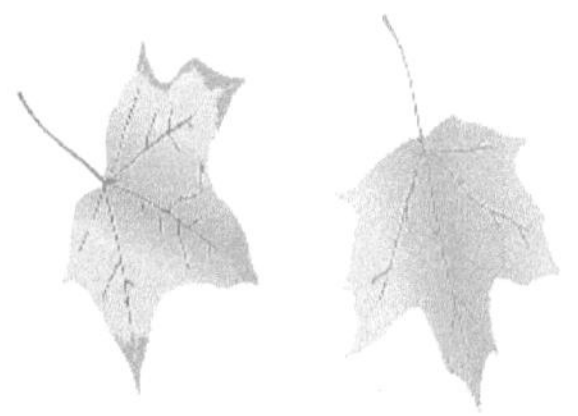

TUDO, TUDO.

Tudo é diferente,
Mas tudo é relevante!
Tudo é traduzido,
Pelo menos um instante.

O lixo do banheiro,
A água do chuveiro,
A cor do teu cabelo,
Do teu lindo cabelo!

Como é bonito
O teu lindo olhar,
E as coisas refletidas
Sobre as ondas do mar.

Tudo é desejo,
Tudo é tentação,
Tudo é alegria,
Fantasia e emoção!

Hoje estou feliz
E não sei o porquê.
Hoje acordei
Com vontade de escrever.

Tudo que eu quero,
Tudo que eu quis,
Tudo que sonhei
E tudo que vivi.

É tudo, tudo!
Tudo, tudo!
Tudo, tudo, tudo
É mesmo tudo!

MENINA

Lembra daquela tarde,
Dos nossos a se balançar na rede;
Lembra daquele horizonte
E do teu beijo a matar a minha cede.

Que lindo céu azul!
Que linda paisagem!
Unida a você
A mais bela miragem.

Todos os dias são assim,
Lembranças tão belas;
A brisa sopra assim
Nos sonhos de quimera.
Assim vem tirar de mim
A flecha do amor,
Que naquela tarde
O cupido acertou.

Eriberto Henrique

INTERVALO DE TEMPO

Ela despencou ao chão
Como coisa relativa que cai,
Subitamente caiu;
Ela caiu!
Sobre todos os projetos caiu,
Nesse leve intervalo de tempo,
Sem ter um porque concreto
Ou força gravitacional,
Ela caiu.

Era mesmo ela?
Caída ao chão seco entre risos hilariantes bordados na
face?
É! Ela caiu!
Demagogicamente caiu,
Sobre a razão do destino,
Como um filme criado em um roteiro onde as ações são
programadas.

Ela caiu!
Diante da leve brisa
E da grama verde dos campos,
Teve como testemunhas os pássaros e alguns seres
absurdos;
Foi vítima do acaso
E por isso caiu;
Caiu e levantou, mas ainda com a sensação da queda.

ESCRITO DA ETERNIDADE

Andamos com passos crentes,
Nos lindos versos que o vento nos traz!
Catamos alegremente
Os nossos sonhos, que não voltam jamais.

Amores adormecidos
Em lindas prosas e contos de paixão.
Desejos são revividos,
Em cada chuva de verão.

E todos os poetas mortos,
São reunidos para recitar;
O mais lindo dos poemas,
Escrito por Deus, nas águas do mar.

Eriberto Henrique, natural de Jaboatão dos Guararapes-PE. Escritor poeta, capista e ilustrador. Diplomado na Academia Mundial de Cultura e Literatura e na Academia Independente de Letras. Eriberto é editor e criador da prestadora de serviços editoriais, EHS Edições, também é chargista voluntário do Portal Olhar Dinâmico, e do jornal A Voz de Cavaleiro. Têm vários livros escritos e publicados, nos gêneros, poemas, crônicas, romances e contos; e participou de várias antologias.

 **@eribertopoeta**

 **Eriberto Henrique**

 **081. 98481.2285**

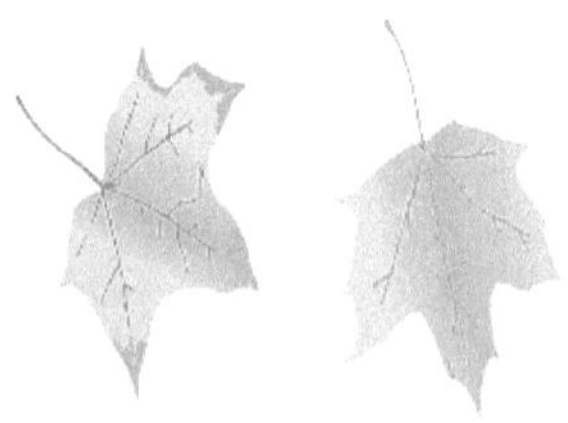

Livros publicados do autor:

Poemas do Fim do Mundo
Grandes Homens Constroem Os Seus Destinos
Entre Poemas e Orações
Época da Escola
Crônicas do Amanhã
Crônicas de Outrora
Além das Quatro Linhas
A Voz do Outro Lado do Rádio
Além do Sol
O Grito Dessa Cidade
Retalhos de Gaby
Sol
Anestesiados Pelo Prazer
Jovens Heróis da Vila do Sossego
O Desafio de Escrever
O Voo da Borboleta
Não Fazer Malcriação
Esses Devaneios Seus
5 Hábitos Que Você Precisa Ter
Na Rede Social
É Preciso Recomeçar
Comadre Fulozinha
Não Durma
Lipe e a Bruxa Marina
Lipe na Festa de Bu
Lipe No Combate do Coronavírus
Poemas Não Selecionados
Até o Próximo Inverno e Outros Contos
O sabor do Teu Vinho
A Carta Que Não Lhe Dei
Palavras Achadas & Outros Poemas
Antes do Fim da Tarde

O mundo precisa de amor,
O mundo precisa de livros.

Eriberto Henrique